AF250520

LA COMMUNE DE PARIS

SON PASSÉ — SON AVENIR

PAR

FONTAINE (de Rambouillet) et Edmond **BOSSAUT**

PARIS

GRENIER ET ROBERT, EDITEURS

17, Boulevard du Prince Eugène

1870

PARIS. — TYPOGRAPHIE ALCAN-LÉVY, RUE LAFAYETTE, 61.

LA
COMMUNE DE PARIS

C'est pour vous, citoyens de Paris, que nous avons écrit ce petit livre.

Il contient l'histoire de la Commune de Paris depuis 1789.

La tentation était grande de remonter au-delà et d'aller surprendre au berceau du premier municipe les premiers tressaillements de la liberté. Mais, préoccupés surtout du passé immédiat en vue de l'avenir prochain, nous nous sommes restreints à regret.

Ainsi limitée, l'histoire de la Commune reste saisissante et mérite d'être racontée avec scrupule et respect.

C'est ce que nous venons de faire.

Tout semble avoir été dit sur ce sujet, et pourtant, il faut l'avouer, beaucoup d'entre nous, — soit pour l'exalter, soit pour la combattre, — parlent de la Commune sans bien la connaître.

Cet opuscule vient donc combler une lacune.

Il appelle de plus votre attention sur le rôle et les attributions de la Municipalité — *Commune ou Municipalité, c'est tout un* — que vous êtes appelés à fonder….. bientôt.

Heureux les peuples qui vivent sous la protection de bonnes institutions municipales!

Naissance de la Commune. — Au début de la Révolution, quand s'ouvrirent les **États-généraux** (5 mai 1789), la municipalité de Paris se composait d'un prévôt des marchands, de 4 échevins, 26 conseillers et 16 quarteniers.

L'édit de 1692, en étendant le nom de *maire* à toutes les municipalités du royaume, avait, par une exception formelle, maintenu la dénomination de *prévôt des marchands* au chef de la municipalité parisienne.

Le maire eût été une puissance ; on l'annulait sous cette étiquette bourgeoise.

Paris a toujours été un suspect ; ne lui fallait-il pas un régime à part ?

Les offices municipaux étaient héréditaires, susceptibles d'être vendus, faisaient partie de la fortune du titulaire, qui ne tenait du chef de l'État que l'investiture. Telles sont encore aujourd'hui les charges de nos officiers ministériels : notaires, avoués, huissiers, etc.

On comprend dès lors que ces officiers municipaux formassent une aristocratie bourgeoise peu disposée à seconder l'élan national d'émancipation.

Cette municipalité tomba d'elle-même, sans secousse, obscurément, parce qu'elle n'était plus viable dans une atmosphère libre.

Les électeurs de Paris, qui avaient nommé les députés aux États-généraux, et qui, sous le régime d'alors de l'élection à deux degrés, étaient eux-mêmes les élus des soixante districts parisiens, *se constituèrent d'autorité en Commune de Paris.*

A peine installés, leur premier soin fut d'établir un Comité permanent.

Le 11 juillet 1789, le ministre Necker venait d'être renvoyé par le roi. Cette mesure, inspirée par le parti de la Cour, était un véritable coup d'État contre l'Assemblée nationale.

Aussi, le lendemain 12, qui était un dimanche, quand on apprit cet événement dans la capitale, la consternation s'y répandit; et, sous le coup de la nouvelle, Camille Desmoulins monte sur une table et harangue la foule. Sous son inspiration, elle court à la Commune demander des armes.

Le comité était là; il livre ce qu'il y a d'armes à l'Hôtel de Ville, convoque les districts, et, le lendemain, s'adjoint le prévôt des marchands, Flesselles, resté chef nominal de la municipalité. C'était se régulariser en se rattachant au dernier débris du municipe officiel.

Flesselles, en apparence, fit ce qu'on voulut.

Séance tenante, cette Commune nouveau-née créait un plan d'armement de *la milice bourgeoise.*

C'est ainsi que naquit la garde nationale.

Le plan d'armement fut adopté par les districts et exécuté; et il fallait que cette institution fût dans les besoins immédiats de la situation, car, décrétée sur l'heure, elle fonctionnait le lendemain.

Cependant Flesselles trahissait, promettait des armes,

des munitions, promettait tout, ne tenait rien ; on lui prête ce propos : « *J'amuse les Parisiens avec des* « *cocardes.* »

C'est, hélas ! le procédé habituel des pouvoirs révolutionnaires de maintenir les épaves du régime aboli, comme porte-respect du pouvoir nouveau.

La Commune fut punie de cette faute par la trahison de Flesselles.

Cela devait être, et nous étonne d'autant moins que des faits analogues se sont produits de nos jours.

Démasqué le 14 *(14 juillet, jour de la prise de la Bastille!)*, Flesselles fut assassiné.

Le lendemain, Louis XVI, rompant avec le parti de la Cour, tendait la main à l'Assemblée nationale. Il la saluait pour la première fois de son titre et recevait la députation de la Commune. Bailly était nommé par acclamation maire de Paris, Lafayette commandant général de la milice parisienne ; Louis XVI ratifiait ce double choix et baptisait la milice du nom qui lui est resté : *garde nationale.*

Tels furent les débuts de la Commune.

Son rôle sous **la Constituante.** — Depuis lors, et jusqu'au 30 septembre 1791, c'est-à-dire pendant la durée de la Constituante, la municipalité, sous la direction de Bailly, se prépare, encore indécise et scrupuleusement confinée dans ses attributions communales, à l'action exclusivement politique dont elle s'emparera sous la Législative.

Mais, durant cette première phase, moins brillante sans être moins féconde, elle a une rude besogne à accomplir et le plus implacable des ennemis à combattre : la famine.

L'année avait été mauvaise : le grain était rare et se cachait ; le peuple avait faim. Bailly, qui s'était montré ferme devant les arrogances de la Cour et le mauvais vouloir du roi, était déconcerté devant cet élément nouveau : le peuple affamé. — Au-dessous du peuple s'agitait la populace, cette lie des capitales, à peu près disparue de nos jours et dont une éducation délibérément républicaine fera progressivement et sous peu disparaître les derniers restes.

L'Hôtel de Ville, combattu par les districts, surveillé par les corporations, battu en brèche par les clubs, avait de plus à faire face aux soins d'une immense administration.

Il avait : la garde nationale, sa création, sous le commandement de Lafayette ; — la justice, car les juges déclinaient leur compétence ; — la législature, car il se faisait sa constitution.

Il créa un *Comité des recherches*, qui n'était autre chose qu'une police municipale, sauvegarde contre les complots réactionnaires — qui ne manquaient pas alors — et qui ne semblent pas avoir abdiqué depuis.

Un autre Comité, plus important encore, fut naturellement celui des subsistances. La Commune achetait des blés et les charriait à Paris à grand'peine (car les convois étaient fréquemment pillés); elle faisait la mouture et vendait à perte aux boulangers. Quoi qu'elle fît, la famine vint. On cria aux accapareurs, non sans raison peut-être; mais la cause véritable du mal était dans la confiance disparue. L'activité commerciale, paralysée par la crainte, ne subvenait plus aux approvisionnements de la capitale. — La faim inassouvie rend féroce. — Pour les meneurs, la disette était le résultat d'un complot de la Cour. Foulon, successeur de Berthier, était l'âme supposée de ce complot vrai ou faux. Il fut assassiné et, après lui, Berthier, son gendre, intendant de Paris.

En vain la Commune réclamait pour eux des juges. Ils furent arrachés des mains de Lafayette et pendus.

Ces meurtres, et d'autres encore, restèrent impunis.
L'Assemblée nationale, disposée à sévir, ne l'osa, réprimée qu'elle fut par la parole cassante de Robespierre.
Barnave aussi repoussa toute velléité de châtiments.
Moins préoccupé, et il avait raison, des excès populaires
que des périls de la liberté, il s'écria : « Songeons avant
tout à la Constitution, décrétons-la et soutenons-la par
une bonne organisation des municipalités et des gardes
bourgeoises. » Quant à Mirabeau, il proposa comme remède la reconstitution de la municipalité sur une base qui
fût inébranlable : « *Les pouvoirs du comité des élec-*
« *teurs* », dit-il, « *sont contestables et contestés.* »

Sur cette proposition, la municipalité de Paris se démet en masse et les citoyens, dans leurs soixante districts,
reforment un conseil municipal qui, de 120 membres
d'abord, fut plus tard porté à 300. Bailly et Lafayette
furent réélus à l'unanimité.

Cette nouvelle municipalité, dite des *trois cents*, maintint l'ordre dans Paris d'une main ferme et parfois dure.
Elle facilita l'œuvre de la Constituante en empêchant que
la fermentation des clubs ne détruisît dans son germe
l'œuvre de la Constitution.

Lors de la discussion du *veto* (1), les clubs se remuèrent, le Palais-Royal se souleva. Lafayette lança dans
Paris sa garde nationale qui fut huée et, qui pis est, traitée d'aristocrate. — Lafayette, lui, s'entendit appeler
Cromwell. « Il n'y avait pas de patrouilles au Céramique! » s'écria Camille Desmoulins. Aux Cordeliers,
aux Jacobins, Danton, Marat, Fréron, Carra proclamè-

---

(1) *Veto*, mot latin qui signifie « je défends » ; c'était le
droit donné au roi de s'opposer à l'exécution des décrets de
l'Assemblée.

rent la nécessité d'agir, sinon, dans trois jours, disaient-ils, la France est perdue et l'Europe avec elle.

Une adresse est envoyée à la Commune : on demande la convocation des districts pour désapprouver le veto, chasser les députés qui le soutiennent et en nommer d'autres. La Commune repousse à deux reprises cette demande. Bien plus, outre qu'elle fait disperser les agitateurs réunis au Palais-Royal, elle demande à l'Assemblée *une loi martiale contre les attroupements.*

Cette loi a été renouvelée par celle de 1849, œuvre d'un gouvernement qui s'intitulait républicain.

L'homme de Sedan la recueillit parmi d'autres, et avant d'en faire un usage criminel, l'afficha par épigramme avec sa date et ses signatures républicaines.

Vous vous rappelez — et pour cause — Piétri et ses brigades. — Plus de fusils, plus de sommations ; le casse-tête — sans phrases ; à quoi bon ?

Certes, la Commune de Paris se montrait bien sage, réactionnaire même, sous l'empire excessif de cette préoccupation d'assurer l'ordre à tout prix.

Chassé par elle du Palais-Royal, le peuple ne se vengea encore que par des chansons :

> Madam' Veto avait promis
> De faire égorger tout Paris.

Nous sommes à la veille des JOURNÉES DES 5 ET 6 OCTOBRE.

Le parti de la Cour, après avoir conspiré sourdement, venait d'insulter à la misère publique et aux couleurs nationales. A Versailles, dans un banquet des gardes du corps, la cocarde tricolore avait été foulée aux pieds. Le bruit de l'outrage se répandit dans Paris.

Paris se souleva.

Les discussions sur le veto, les patrouilles de Lafayette, le défi des gardes du corps, puis et surtout les souffrances de la faim, l'avaient exaspéré. On savait d'ailleurs que le parti de la Cour voulait enlever le roi pour l'isoler du peuple et de l'Assemblée. Telle fut la cause complexe du mouvement des 5 et 6 octobre.

Le 4, les farines manquaient; le 5, les femmes vont chez les boulangers : pas de pain. Elles se précipitent à l'Hôtel de Ville. Puis, tout à coup, comme par inspiration, les voilà qui marchent sur Versailles, armées de bâtons, de balais, de couteaux, de fusils. Les faubourgs suivirent, puis la garde nationale, envoyée par la Commune dans un but d'apaisement. Elle gourmandait son général : « Au lieu de faire la guerre aux femmes, allons à Versailles chercher le roi et plaçons-le au milieu de nous, » disait un grenadier à Lafayette. C'est ce qui eut lieu. Le peuple voulait le roi et le ramena. Ce qui tournait à l'émeute devint apaisement. La reine, elle-même, fut saluée. Louis XVI, de retour à Paris, fut reçu par Bailly à l'Hôtel de Ville.

La réconciliation était opérée, et il semblait dès lors que la révolution dût s'accomplir pacifiquement ; mais le parti réactionnaire, par ses menées, la contraignit à la violence.

Un nouveau REMANIEMENT DE LA COMMUNE suit de près le retour du roi. Il est dû à l'inquiétude inspirée au gouvernement par les districts ouvertement révoltés contre une municipalité qu'ils tenaient pour abâtardie.

La loi du 21 mai 1790 compose ainsi la Commune de Paris : un maire, seize administrateurs, trente-deux membres du conseil, quatre-vingt-seize notables, un procureur de la Commune et deux substituts, tous nommés par les électeurs.

Par la même loi, les soixante districts sont supprimés et remplacés par quarante-huit *sections*.

On avait espéré, par un remaniement administratif et un changement de nom, faire échec aux turbulences des districts : il n'en fut rien. Les sections maintinrent la tradition révolutionnaire. Le *district des Cordeliers*, lui, se perpétua comme *club* et commença sa propagande.

La nouvelle municipalité, choisie en partie parmi les orateurs des districts, apporta au sein de la Commune des ferments puissants. Ils sommeillèrent jusqu'à la fin de la Constituante, mais pour se réveiller à l'heure voulue et, alors, travailler révolutionnairement à l'émancipation populaire et au salut de la France.

La Constituante, assemblée conservatrice, de beaucoup déjà dépassée, avait hâte d'en finir. Elle reculait devant cette mesure suprême et qui devenait chaque jour plus nécessaire : la déchéance de la royauté. Aussi brusqua-t-elle l'achèvement de sa constitution. Après quoi elle se sépara.

Sous l'assemblée législative, la Commune de Paris devient toute puissante. Elle n'est pas seulement l'éperon au flanc de l'Assemblée, elle en est la force motrice, dans la pleine acception du mot.

Les grandes journées, les journées décisives, elle les fit. Sans doute elle travailla, comme fait le peuple armé de ses colères, par coups de force ; sans doute des excès furent commis. Que voulez-vous ? Ces hommes, nos pères, ne l'oubliez pas, esclaves pendant tant de siècles et affranchis de la veille, n'avaient pas encore les mœurs des hommes libres.

Sommes-nous bien certains qu'elles se soient depuis complètement acclimatées chez nous ?

L'évolution de l'Assemblée législative est du 1er octobre 1791 au 21 septembre 1792.

Jamais la France n'avait couru danger pareil. L'émigration se faisait en masse ; l'invasion était imminente ; la noblesse, exilée volontaire, comptait bien revenir en conquérante, avec l'appui de l'étranger. Ceux des nobles qui hésitaient à partir recevaient des ordres menaçants et des gravures représentant des quenouilles et des fuseaux.

C'était à Paris, dans nos départements, à nos frontières, une conspiration générale contre la République naissante. Partout des ennemis déclarés : nobles et prêtres, et des bourgeois indécis.

Il fallait donc précipiter le mouvement révolutionnaire pour sauver la France.

Dans ce grand péril, la Commune battit la générale, et les citoyens, lancés par elle, culbutèrent la royauté et repoussèrent l'invasion.

La Commune avait alors à sa tête Pétion (*le roi Pétion, la vertu Pétion*, disaient-ils), honnête homme, mais révolutionnaire mesquin, dont le peuple faisait ce qu'il voulait.

20 JUIN 1792.— Le 16 juin 1792, une pétition est adressée au conseil général de la Commune par les citoyens du faubourg Saint-Antoine. Ils demandent à se réunir en armes, le 20 du même mois, pour présenter une requête à l'Assemblée et au roi.

Louis XVI jouait alors un jeu hypocrite et terrible. Retranché derrière son *veto*, il suspendait l'exécution des décrets que l'Assemblée avait rendus contre les prêtres non assermentés et les nobles de Coblentz. Il venait de renvoyer les Girondins, les ministres *patriotes*. C'était l'encouragement à l'invasion armée, et la main tendue à l'ancien régime coalisé contre le nouveau.

Avec son instinct supérieur, le peuple sentait qu'il était trahi.

Reportez-vous donc aux angoisses de cette époque, et vous saisirez combien était grosse de menaces cette demande du peuple. Hélas ! les événements où nous sommes plongés nous rendent facile l'intelligence de cette crise de 1792.

Battus à Quiévrain et à Tournai, terrassés non pas tant par l'ennemi que par cette panique, qui voit partout et toujours la trahison, abandonnés par le roi, exaspérés par son refus persistant d'établir un camp sous Paris, les citoyens ne pouvaient plus attendre le salut que de leur héroïsme.

« Le peuple est prêt, disaient-ils dans leur pétition à
« la Commune, il est disposé à se servir de grands
« moyens pour exécuter l'article 2 de la déclaration des
« droits : *résistance à l'oppression*.... Que le petit
« nombre d'entre vous qui ne s'unit pas à vos senti-
« ments et aux nôtres purge la terre de la liberté et
« s'en aille à Coblentz. »

A cette requête, Pétion et la Commune répondirent en laissant faire.

Le 20 juin 1792, troisième anniversaire du *Serment du Jeu de paume*, le peuple, encouragé par la Commune, envahit l'Assemblée. Elle se lève, le président se couvre et le peuple se retire *docilement*, pour rentrer quelques instants après, cette fois, avec l'autorisation de l'Assemblée.

Ce fut un défilé superbe, un spectacle saisissant ; les récits du temps vous l'ont dit : c'étaient des branches d'olivier, des piques, des armes improvisées, des emblèmes, des cris « A bas le *veto !* » un flot de trente mille hommes traversant comme un élément une assemblée frappée de stupeur.

Les faubourgs furent du Palais législatif aux Tuileries, et tout ce monde en haillons parla face à face et en maître à Louis XVI : « *Point de veto. — Point de prêtres. — Point d'aristocrates. — Le camp sous Paris.* »

Le roi mit le bonnet rouge, but du vin que lui offrit par pitié un grenadier.

Il parut tout promettre pour tout esquiver.

Le Parisien a la bonté native, si on ne l'exaspère. — La soumission du roi calma l'orage. — Le flot des faubourgs se retira, — résolu à attendre et résolu à revenir — s'il le fallait.

IL REVINT LE 10 AOUT.

Le 10 août fut un grand acte de la Commune et du peuple, solidarisés dans l'œuvre du salut.

La France était perdue, bien perdue, sans cet effort du génie populaire.

Le roi, qui n'avait pas voulu comprendre l'impérieuse sommation du 20 juin, trahissait maintenant au grand jour. La reine, frappée de démence, ne comptait que sur la Prusse.

Et la Prusse était à nos portes — avec les soldats de Brunswick, — de Brunswick, dont l'insolent manifeste venait d'éclater dans Paris (8 août).

Les rois accouraient au secours de la royauté et déchaînaient leurs esclaves contre les rebelles qui osaient secouer le joug.

Point de pitié ! Point de merci !

« *Tout Français était un insurgé; toute ville qui résisterait serait brûlée.* »

Leurs Majestés annonçaient aux *Parisiens* en particulier, aux membres de l'Assemblée, des districts, de la municipalité, aux gardes nationaux, et... à tous autres, qu'elles séviraient militairement, et que *la ville de Paris devait redouter des sévérités terribles.*

Ne fallait-il pas trancher dans le vif, couper le mal dans sa racine !

Tel fut le manifeste de Brunswick......

Ces gens-là se croyaient bien forts : — notre armée était désorganisée, — ils le pensaient du moins et en abusaient à l'avance.

C'est le privilége des races fortes et habituées à la victoire de n'en pas faire un emploi dégradant : les Allemands n'en sont pas là.

Brunswick avait voulu terroriser, — son but manqua. — C'en était trop. — La France entière bondit sous l'outrage.

La faim, soit!—La mort, soit encore!—L'insulte, jamais!
Ces répugnances-là sont dans le sang.

Mais qui ne rapprocherait ces temps des nôtres?

Aujourd'hui, comme alors, la monarchie se croit victorieuse. — Comme en 92, c'est la féodalité, haute et basse, princes et hobereaux, tous parasites de la royauté, qui se ruent sur la *France républicaine*.

Nos paysans sont fusillés, nos villes brûlées. L'héroïque Châteaudun disparaît sous le feu des canons prussiens.

Et si Paris est menacé du même sort, c'est que de nouveau Paris est libre, et que c'est là — dans son berceau — qu'il faut frapper l'*Europe républicaine*.

Revenons à 92.

Devant les rois coalisés, le ministère et tous les pouvoirs réguliers d'alors avaient abdiqué.

L'Assemblée déclare LA PATRIE EN DANGER.

Déjà 47 sections sur 48 avaient proclamé la déchéance du roi coupable de pactiser avec l'ennemi. La Commune la réclame à son tour. Pétion, son chef, avec l'autorité de sa magistrature, le met en accusation et s'écrie, dans un réquisitoire plein d'énergie républicaine :

« *Louis a tourné contre la nation tous ses bien-*
« *faits. Il s'est entouré de nos ennemis. Il a chassé*
« *nos ministres citoyens. Il se ligue avec les émi-*
« *grés, les prêtres.........Son nom lutte contre celui*
« *de la nation. Il a séparé ses intérêts de ceux de*
« *son peuple. Séparons-nous de lui.....* »

Les adresses des départements suivent de près et expriment la même volonté.

Les Fédérés commencent à cerner le château. Le château se met en état de défense.

C'était le 9 août.

Le soir, le tocsin sonne aux Cordeliers d'abord, puis dans tout Paris, pour appeler les sections.

Les faubourgs ne se lèvent d'abord que lentement. « *Le tocsin ne rend pas,* » dit un des sectionnaires. Il se trompait, car les sections, enfin rassemblées par le tocsin, nomment chacune trois commissaires « *pour se réunir à la Commune et sauver la patrie.* »

C'est le mandat *vague* que l'on donne à ces hommes qui, dans une heure, vont fonder la Commune insurrectionnelle et sauver en effet la France.

Ils se rendent isolément et sans armes à la Commune. Elle siégeait. Mais, désertée par la plupart de ses membres, elle s'écoulait lentement.

Figurez-vous cette heure indécise de l'insurrection. La nuit était splendide. A minuit, des fenêtres du château on épie l'émeute aux volées sinistres des clochers de Paris. L'émeute sort tout armée de toutes les maisons. La ville est illuminée parce que toutes les femmes veillent.

Pétion, que la Cour avait gardé comme ôtage, parvient à s'échapper. Il trouve les commissaires des sections installés et remplaçant l'ancienne Commune — *au nom du peuple.*

Ils étaient 192 — 192 dictateurs.

C'était bien cette fois la Commune, la Commune insurrectionnelle, sauvant un pays qui expirait sous l'é-
treinte de la légalité : sublime désordre !

Le premier acte de la Commune, au 10 août, est l'exécution immédiate de Mandat, général de la garde national. Avec son armée, il cernait le mouvement des faubourgs et surveillait l'Hôtel-de-Ville, prêt à mitrailler le
peuple. Mandat disparu, la Commune organise librement
le gouvernement de l'insurrection.

Le lendemain, 10 août, les Tuileries sont conquises par
le peuple, la royauté renversée, — Louis XVI prison-
nier, — et la Commune victorieuse va bientôt nous donner la Convention, qui, à son tour, décrète la victoire.

Le 10 août a été très calomnié, — quoiqu'il ait sauvé
la France de l'invasion étrangère et du retour de l'ancien
régime. On a affecté de n'y voir qu'une foule furieuse
et dégradée, faisant le bien par hasard et sans mérite.

Nous répondrons : le 10 août sauva la France.

Le soulèvement populaire pouvait seul détruire l'ancien régime et chasser le Prussien.

Il le fit sous l'impulsion de la Commune.

Ne subtilisons donc pas.

A partir de ce jour, l'Assemblée législative n'agit plus
que sur le mot d'ordre de la Commune. Et quand, de sa
part, Robespierre vient exprimer sa volonté à l'Assemblée ou au Conseil électif, il est obéi sur-le-champ.

C'est la Commune qui dispose de la garde nationale et
nomme son commandant, et lorsque les combattants du
10 août rapportent des Tuileries des dépouilles opimes,
c'est encore la toute-puissante Commune qui en conserve
le dépôt.

L'Assemblée, sacrifiée pour n'avoir pas agi à temps,

restait dans son isolement et penchait du côté du roi par un reste de respect, de pitié et par cet instinct qui rapproche les déchus.

Depuis le 10 août jusqu'à sa clôture, 21 septembre, l'Assemblée assista, muette et frappée d'impuissance, aux massacres qui ont terni la victoire du peuple.

Danton, Manuel, Pétion eux-mêmes étaient stupéfiés et nuls devant cette fureur sanguinaire. C'est qu'elle ne répondait pas tant à un instinct cruel qu'à un système et, disons-le, à un idéal étrange, farouche, insensé, soit ! mais fascinateur. Le peuple voulait l'assainissement social par la suppression des corrompus et des traîtres. Marat, imposé à la Commune, non le 10 août, mais aux jours qui suivirent, symbolise cette politique chirurgicale : il y avait foi, ce fut là sa force.

Le massacre fut (on ne l'a pas assez remarqué) plus général au Châtelet, où étaient les criminels et les voleurs, qu'à l'Abbaye où se trouvaient les aristocrates et les suspects.

Au cours de ces exécutions, la municipalité parisienne envoya à la plupart des municipalités importantes de province, organisées comme elle, une adresse dont nous extrayons le passage suivant, qui montre bien l'esprit dont elle était animée :

« Prévenue que des hordes barbares s'avancent contre
« elle, la Commune de Paris se hâte d'informer ses
« frères de tous les départements qu'une partie des con-
« spirateurs, des traîtres et des criminels détenus dans les
« prisons, a été mise à mort par le peuple : *actes de jus-*
« *tice qui lui ont paru indispensables* pour retenir par
« la terreur les légions de traîtres entrées dans ses murs
« au moment où on allait marcher à l'ennemi ; et, sans
« doute, la nation entière s'empressera d'employer ce
« moyen si nécessaire de salut public, et tous les Fran-

« çais s'écrieront comme les Parisiens : Nous marchons à
« l'ennemi, mais nous ne laissons pas derrière nous des
« brigands pour égorger nos femmes et nos enfants. »

Ce n'est pas tout, les autorités de Paris ne se conten-
taient plus de régner dans cette ville, elles envoyaient en
province des commissaires chargés de leurs pleins pouvoirs pour s'emparer des suspects et organiser la défense.

La Législative ne put rien contre cette dictature intéri-
maire, et décréta même que « *la Commune avait bien
mérité de la Patrie.* »

Toutefois, cet état de choses ne pouvait durer. Ce qui
était patriotisme et salut eût tourné en usurpation et discorde.

La Convention va naître. Elle sort tout armée du flanc
de la Commune. Celle-ci rentre alors dans son rôle municipal, après avoir légué à la France cette pléiade de co-
losses qui devaient écraser les royautés coalisées et tendre
leurs larges mains aux peuples frères.

La France était désormais fanatisée, et la Convention
s'ouvre aux échos de la canonnade de Valmy. (21 septembre 1792.)

La Convention, attaquée au dehors et au dedans,
environnée d'ennemis de toutes parts, trouve dans la
Commune non pas une autorité rivale, mais une auxi-
liaire puissante.

La disette était grande à Paris. — Par de sages mesures, la Commune sut apporter un immense soulagement
à ce mal, — mauvais conseiller.

Les partis s'agitaient, les émissaires des émigrés et de
l'étranger soufflaient le découragement et la discorde. —
La Commune prit d'énergiques et de salutaires mesures
et maintint à Paris une tranquillité relative.

La Vendée, soulevée par les prêtres et les nobles,

commençait sa lutte fratricide. — De sa propre autorité, la Commune leva douze mille hommes pour les lancer contre les rebelles. Il fallait subvenir à une pareille dépense ; — elle décréta un emprunt forcé fourni par les citoyens riches de Paris. — Ses membres pressaient le départ et l'armement des troupes parisiennes, hâtaient le recouvrement de l'emprunt, multipliaient les visites domiciliaires et s'assuraient des suspects.

Mais telles étaient la gravité des circonstances et l'imminence du péril, que la Convention dut instituer successivement, pour accélérer sa marche, le *Tribunal révolutionnaire*, puis le *Comité de salut public*.

Ainsi se trouvèrent concentrés tous les pouvoirs dans la main de cette grande Assemblée qui, n'hésitant pas à se mutiler elle-même, fit de la *terreur* un moyen de gouvernement et de salut suprême.

LE RÔLE DE LA COMMUNE S'EN TROUVA ENCORE AMOINDRI.

Plusieurs de ses membres montèrent sur l'échafaud. Hébert, Chaumette, et d'autres encore, furent remplacés à la Commune par des Jacobins tout dévoués à Robespierre.

Aussi, lors de la chute de ce dernier, la Commune et Henriot, commandant de la force publique, voulurent-ils marcher sur la Convention ; mais cernés à l'Hôtel-de-Ville par les canonniers bourgeois, ils furent réduits à l'impuissance. (*Thermidor.*)

Avec Thermidor, vint la réaction. Elle monta rapidement.

La Convention, elle-même, devint réactionnaire, sort ordinaire des assemblées vieillies, — et on s'usait vite en 93. — Marchant à grands pas dans sa voie nouvelle, ELLE S'ATTRIBUA LES POUVOIRS DE LA COMMUNE DE PARIS et se chargea de gouverner la ville. Les assemblées des sections ne purent plus avoir lieu que le décadi, c'est-à-dire tous les dix jours, et les quarante sous par jour que l'on donnait aux ouvriers pour leur assistance à ces assemblées furent supprimés.

Les quelques mois qui suivirent furent troublés par plusieurs soulèvements populaires. Le blé manquait, la réaction s'enhardissait. — Le peuple demandait du pain et exigeait, non sans raison, la mise en vigueur de la Constitution de 1793, toujours restée lettre morte. Ses tentatives révolutionnaires, auxquelles n'étaient pas étrangers les anciens membres de la Commune, furent facilement réprimées par la Convention.

La situation du Gouvernement s'améliorait, du reste, tous les jours. Le grain commençait à abonder, et nos armées de volontaires, — dont l'étranger avait ri, — culbutaient les vieilles bandes de l'Europe coalisée.

A dater de cette époque, la soumission, ou mieux l'indifférence politique de la population ouvrière de Paris fut complète. —Indifférence malheureuse qui, quoi qu'on en dise, forme le fond du caractère parisien, et n'arrive à disparaître que — momentanément — sous le coup de fouet des événements.

Après avoir vu successivement flétris et suppliciés, comme traîtres à la République, tous les hommes qui, au nom de cette même République, l'avaient soulevée, elle n'avait plus aucune confiance dans les agitateurs.

Aussi ne prit-elle aucune part aux événements qui signalèrent la fin de la Convention.

Son abstention permit aux royalistes alliés avec les bourgeois réactionnaires, qui s'intitulaient faussement républicains modérés et honnêtes, de se mettre en insurrection. — *Le 13 Vendémiaire*, ils furent foudroyés, sur les marches de l'église Saint-Roch, par le général Bonaparte.

Bonaparte, — ce jour-là, — servait la République à son déclin; — quand elle fut plus malade, il l'étouffa.

Abusant de sa victoire, la Convention supprima la garde nationale.

Ses pouvoirs expiraient. — Dans sa dernière séance, 26 octobre 1795, elle prononça l'abolition de la peine de mort.

La Révolution est terminée. Le régime débilitant du Directoire va épuiser la France et préparer Brumaire.

Le régime municipal, organisé par la Constituante, avait traversé presque intact les orages de la révolution. — A partir de Thermidor, sous le Directoire, sous le Consulat, sous l'Empire et jusqu'à nos jours, il décroît et s'éteint graduellement.

La Constitution du 5 fructidor an III, œuvre réactionnaire des conventionnels dégénérés, en haine de ce régime municipal qu'on accusait à tort de toutes les turbulences démagogiques, va jusqu'à supprimer le nom de maire comme un symbole de liberté.—Les petites communes n'ont plus qu'un *agent municipal* et un adjoint dont les pouvoirs sont très limités. — Les communes importantes, mais ne dépassant pas 100,000 habitants, gardent également leur unité, mais voient également restreindre leurs attributions. — Au-dessus de 100,000 habitants, les municipalités sont morcelées en *bureaux,* reliés entre eux par un *bureau central nommé par le Gouvernement*.

Ce système, dont Paris ne fut pas excepté, y. créa *douze bureaux centralisés par un treizième*.

En définitif, la liberté municipale est confisquée par le morcellement et par la dévolution au Gouvernement de la nomination du bureau central.

Plus tard, **le Consulat**, « préludant aux grandes destructions politiques de l'Empire, » supprime le peu qui restait des libertés communales. C'est l'œuvre de la Constitution du 22 frimaire an VIII et de quelques lois qui lui servent de corollaire.

A Paris, les douze bureaux deviennent *douze arrondissements*, à la tête desquels sont placés un maire et un adjoint nommés par le Gouvernement.

L'élection disparaît, et le morcellement s'aggrave, faute d'un bureau central.

Le préfet de la Seine et le préfet de police deviennent les maîtres de Paris.

LA COMMUNE PARISIENNE EST COMPLÈTEMENT ABSORBÉE.

La police, enlevée aux municipes, va devenir une œuvre occulte d'oppression entre les mains de l'impur Fouché.

Sous **l'Empire**, on reconstitue une apparence de régime municipal ; on restaure le nom pour faire croire à la chose ; mais tout semblant d'élection disparaît.

En réalité, un seul homme fait pénétrer sa volonté jusque dans le moindre bourg : *Napoléon*.

La **Restauration** parut un instant songer à un rétablissement tel quel des municipalités, mais s'arrêta en chemin.

Le **Gouvernement de Juillet** proclame le principe de l'éligibilité des magistrats municipaux. (Lois de 1831 et 1837.)

Le principe consenti est pourtant tronqué dans son application : les conseillers municipaux sont à l'élection, mais le gouvernement continue à se réserver le choix des maires et de leurs adjoints.

Puis, et surtout, Paris reste toujours en dehors du droit commun.

Ce n'est que par une loi de 1834, que la capitale acquiert la nomination de trente-six conseillers municipaux. Les maires et adjoints restent à la nomination du chef de l'Etat, sous cette réserve toutefois de les prendre sur une liste de douze candidats par arrondissement, présentée par les électeurs. Ils sont toujours révocables et toujours rééligibles.

La République de 1848 substitua, par décret du 3 juillet 1848, le suffrage universel à ces catégories censitaires de 1831, qui traçaient injustement « les limites du pays légal » et créaient l'aristocratie de la fortune.

C'était bien; mais, pour notre malheur, les hommes d'alors commirent, entre tant d'autres, cette faute lourde de laisser le régime municipal dans son abaissement. En vain quelques citoyens, organes d'un parti nombreux, firent-ils entendre de justes protestations; on ne les écouta pas.

Comme par dérision, on voulut bien rendre aux petites communes le droit d'élection des maires et des adjoints, — et encore, sous cette réserve, — que les conseillers municipaux seuls fussent électeurs et que les élus fussent pris parmi eux.

Quant aux grandes municipalités, on se garda bien de songer à elles.

Soit par des raisons d'égoïsme, soit par étroitesse de

vues, sous l'empire, peut-être, de cette préoccupation de tout centraliser, qui, de tradition impériale, est le vice chronique de nos gouvernants, ils laissèrent la France désarmée, prête à devenir la proie du plus mince intrigant, pourvu qu'il eût un nom, et que son habileté l'eût poussé jusqu'au centre de la grande toile administrative.

A Paris, le conseil municipal élu fut supprimé et remplacé par une commission municipale que nomma le pouvoir central.

Cette mesure, il est vrai, ne devait être que provisoire.

Mais dans notre pays, — d'étourderies politiques, — le vrai définitif, c'est toujours le provisoire.

Aussi, cet état de choses se maintint jusqu'à l'Empire, qui, heureux de rencontrer dans un décret de la République, un instrument tout trouvé d'oppression, s'en empara (1) ; — et comme la mesure était décidément bonne, — il l'étendit également à Lyon, cité qui, de sa nature, est mal pensante.

Faut-il donc s'étonner que notre pauvre République de 1848 ait péri avec de pareils serviteurs !

Pauvre peuple, peuple débonnaire, irrité par hasard, bon quand même, ils te trahissaient et tu es encore à le comprendre !

Mais passons.

L'Empire, le second, laissa subsister, à peu de chose près, dans les départements, le système municipal qu'avaient établi les régimes précédents.

C'était un bon instrument — qui marchait bien, — mais qu'on pouvait encore perfectionner : — l'empereur n'y manqua pas.

(I) Il en fut de même pour la loi de 1849 sur les attroupements (juin 1869, février et mai 1870).

Le décret du 25 mars 1852, la loi du 25 mai 1855, celle de 1859, le décret du 13 avril 1861, la loi du 20 juillet 1867, complètent le mécanisme.

Les maires ne sont plus que des agents électoraux, protégés par l'art. 75 de la Constitution de l'an VIII.

Les conseillers municipaux seuls seraient aptes à leur rôle, émanant encore de l'élection, mais le maire peut être pris en dehors du conseil.

Et puis, que peuvent-ils, les uns et les autres? Les conseillers émettre des vœux qu'on n'écoute pas, et le maire, nommé par le pouvoir, et révocable à son gré, attendre inerte l'impulsion préfectorale.

Voilà pour la province.

Et Paris! donc.

Paris n'a pas même cette ombre de municipalité.

On l'a partagé en vingt arrondissements. Mais l'arrondissement n'est pas une personne morale, c'est une simple division administrative, — pour l'utilité des bureaux.

Des maires sans commune, sans conseillers municipaux (des conseillers municipaux, pourquoi faire?), sans autorité de police, sans budget, sans matière administrable!

Voilà nos maires de Paris. Tout cela est pour les yeux ; pour qu'on dise monsieur le maire et qu'on croie qu'il y en a un.

Mais, en vérité, citoyens, il n'y en a pas. A la tête de la grandecité, on a un préfet de la Seine, — Haussmann, et un préfet de police, — Piétri.

Il y a bien une commission municipale ; mais comme les maires de Paris et d'ailleurs, elle est nommée par décret impérial et ne vote que quand on lui demande.... si tant est qu'elle vote !

Ce régime est tombé —ignominieusement...—sans que nous ayons eu la satisfaction de le balayer nous-mêmes!

Il avait perdu, souillé, corrompu jusqu'à la moelle ce pays qui fut si grand, si fier, si désintéressé, qu'il était un étonnement et un culte pour l'historien.

La France, enfin rendue à elle-même, doit travailler — sans retard — à son salut.

Et son salut est dans une réforme radicale de nos mœurs publiques, qu'une bonne organisation municipale peut seule opérer ; — et ce ne sera pas l'œuvre d'un jour.

La République de 1870 ne tarderait pas à périr si, comme sa sœur aînée, celle de 1848, elle maintenait l'asservissement communal. — Ce serait là le suicide.

L'obstacle à la Commune, c'est la terreur irréfléchie que son nom réveille, c'est aussi la centralisation.

La *centralisation* contribua puissamment à affirmer l'unité nationale ; mais, maintenue après l'accomplissement de sa tâche et systématisée à l'excès, de salutaire elle est devenue funeste. N'a-t-elle pas eu pour conséquence dernière d'épuiser la sève d'un grand pays et de donner ce spectacle d'une France monstrueuse, où tout afflue des membres appauvris au cerveau congestionné ?

Les départements sacrifiés et, résultat fatal, abâtardis, se sont désaffectionnés de la capitale, et si Paris assiégé trouve la province paresseuse à le secourir, qu'il n'en cherche pas la cause ailleurs. — Ah ! elle fut plus prompte à venir l'écraser aux journées de juin 1848 qu'elle ne l'est aujourd'hui à le débloquer !

La restauration des libertés municipales pourra seule réharmoniser notre pays disjoint.

Que chaque commune, depuis le petit bourg caché dans un pli de vallon jusqu'à nos plus grandes cités, recouvre son indépendance municipale ; que, maîtresse chez elle, s'administrant à sa guise, élisant ses magistrats, affranchie de la tutelle administrative, dorénavant à l'abri des coups de main du pouvoir central, elle se meuve libre enfin dans la France libre — sa patrie; le pays se lèvera alors de cette mort lente, — où il entrait graduellement et sans prestige, — et, désormais revivifié, il fondera — cette fois sur le bonheur de tous ses enfants, — l'unité nationale à jamais affermie !

Quant à la Commune de Paris, l'étude de son histoire nous apprend ce qu'elle doit être.

Nous l'avons vue, régénérée en 89 par l'élection, préparer, puis tempérer le mouvement révolutionnaire. Plus tard, sous la Législative, quand la France est terrassée, qu'elle est livrée par le roi, que tout semble perdu, elle se dresse — pour le salut. Son œuvre faite, elle abdique pour se subordonner à la Convention et rentrer dans son rôle municipal. Après Thermidor, elle est étouffée sous la réaction, puis morcelée, détruite enfin complètement. L'héroïsme dont elle avait fait preuve est exploité contre elle et devient le thème de déclamations intéressées.

Il s'agit aujourd'hui de rétablir la Commune de Paris.

Elle aurait dû l'être depuis le lendemain du 4 septembre.

Tout le monde y comptait.

C'était une œuvre — juste, — salutaire, — opportune et indispensable.

Il n'est douteux pour personne que le Gouvernement de la défense nationale ait commis, à son début, une faute grave — en différant par un sentiment de méfiance inexplicable — l'exécution d'une mesure commandée par la situation ; un abus de pouvoir — étrange — en refusant au peuple qui l'avait acclamé, la restitution d'un droit.

Il aurait pu depuis réparer sa faute. — Il ne l'a pas voulu.

L'ajournement des élections à la Constituante, réclamée justement par le bon sens public, lui a été une occasion toute trouvée d'éluder, de retirer une promesse dont l'échéance était proche — 28 septembre — et de se dispenser de nous rendre la Commune.

Les citoyens ont protesté. — Le Gouvernement a tenu bon et a envenimé, par son refus persistant, une question qui n'en devrait même pas être une, et qui certes n'a rien d'irritant.

Pour refouler les pétitionnaires, dont le seul tort — s'ils en eurent un — fut d'entourer d'un appareil un peu théâtral, peut-être, une requête toute simple, on sortit le spectre rouge — rhabillé pour la circonstance — et on cria à la division devant l'ennemi.

La division ! Oui, sans doute, elle devenait imminente.

Mais à qui la faute ?

Que le Gouvernement ne s'y trompe pas ; bon nombre de citoyens, en se ralliant à lui dans un intérêt de concorde, l'ont au fond sévèrement blâmé et se sont demandé avec inquiétude s'il allait, comme en 48, organiser la réaction et nous mener à l'abîme.

Beaucoup ont reculé devant la Commune, *immédiate*, non pas que pour eux elle n'eût dû être immédiatement rendue, non pas qu'elle contînt un péril quelconque, bien au contraire ; mais parce que le Gouvernement, en interprétant comme un défi la réclamation populaire, avait fait d'une proposition patriotique un ferment de discorde. Ils se sont alors résignés à une attente qui ne laisse pas d'être anxieuse.

Faisons trève à ces angoisses, et, dans le but même de hâter la résurrection du régime communal, énumérons sommairement ses fonctions les plus importantes.

Ainsi au jour, forcément prochain, où nous rentrerons dans nos libertés municipales, nous nous trouverons prêts à les défendre contre les retranchements qu'on voudrait leur infliger.

Et, d'abord, précisons bien : ce n'est certes pas la Commune de 92 que nous demandons. — La Commune que nous aurons demain sera appropriée aux temps, à nos besoins, à nos mœurs.

Pourra-t-elle cependant, confinée dans son rôle municipal, s'isoler des grands événements du pays? — Evidemment non.

La Commune de Paris — cette grande aïeule de la liberté, cette vigilante gardienne de nos droits reconquis— ne peut s'isoler des grands événements du pays; et lorsqu'avec l'autorité des services rendus, et au nom des deux millions d'âmes qu'elle représente, elle élèvera la voix, elle sera toujours écoutée.

Le nombre des conseillers municipaux, qui devront être choisis parmi les républicains les plus sincères et les plus capables, sera proportionné au chiffre de la population parisienne. — Soixante, quatre-vingts même, seraient insuffisants. — Berlin, ville de 700,000 âmes, compte plus de cent édiles.

Il serait injuste d'appeler les arrondissements à élire tous le même nombre de conseillers. Ce nombre variera donc, pour chacun d'eux, suivant le chiffre de ses habitants.

Le rétablissement du scrutin de liste, soit général, soit

particulier à chaque arrondissement, est désirable. Le suffrage universel en est encore aux tâtonnements ; il a d'ailleurs été faussé par l'empire; ne l'oublions pas et évitons ainsi les erreurs et les surprises.

Nous aurons le maire de Paris, représentant de la Commune, puis les maires d'arrondissement, les adjoints, tous élus du peuple comme les conseillers municipaux.

Ainsi sera représenté l'élément exécutif et l'élément délibératif, libre expression de la volonté populaire.

Le mandat de nos officiers municipaux sera réduit à un laps de temps plus court.

Des commissions, composées de simples citoyens désignés par le suffrage, siégeront dans nos mairies pour éclairer nos mandataires sur les questions spéciales, les instruire des besoins et des vœux quotidiens de leurs administrés.

Les questions sociales seront, de la part de ces commissions, l'objet d'une étude approfondie. Nul doute qu'on n'arrive bientôt ainsi à des solutions pacifiques — ardemment désirées.

La Commune de Paris votera son budget et s'administrera elle-même. Plus de folles et coupables prodigalités, mais une gestion scrupuleuse et contrôlée.

La Commune veillera sur la Cité. La garde nationale sera dans sa main.

Elle aura la police, qu'elle purifiera en la renfermant dans sa mission vraiment morale : le maintien de l'ordre, la protection de tous. La nomination de ses officiers de police sera rendue à chaque mairie.

La Commune aura l'Assistance publique, qui, ramenée au principe de son institution, ne sera plus l'instrument des coteries et la proie des parasites faisant métier de misère. Elle ira chercher et soulager la misère vraie qui se cache et meurt.

Elle aura enfin et surtout l'instruction populaire, qui guérira cette plaie cruelle de l'ignorance et nous donnera enfin des citoyens.

Nous aurons ces choses et... d'autres.

Notre prétention n'est pas de tout dire.

Notre intention était d'indiquer comment la Commune, pouvoir essentiellement *paternel*, sera le moyen assuré de régénération d'une capitale désormais fière et douce, et vraiment digne de marcher à la tête d'une grande nation ; — oui, grande, — car elle affranchira l'Europe et fondera la République universelle.

Le Gouvernement né le 4 septembre du mandat qu'il s'est donné pour... sauver la France, a, — plus complètement encore que l'empire, — si c'est possible, — confisqué l'élément municipal.

Son maire de Paris, ceux des arrondissements, leurs adjoints, — nommés par lui, — ne sont dans sa main que des instruments dociles et... surveillés. Aussi lorsque l'un d'eux se mêle d'agir par lui-même, — on le révoque, — fût-il soutenu des ardentes et unanimes sympathies de son arrondissement.

Cela ne peut durer...

Nous attendrons encore, — mais... que ce ne soit pas long.